BEI GRIN MACHT SICH IHR
WISSEN BEZAHLT

- Wir veröffentlichen Ihre Hausarbeit,
  Bachelor- und Masterarbeit

- Ihr eigenes eBook und Buch -
  weltweit in allen wichtigen Shops

- Verdienen Sie an jedem Verkauf

Jetzt bei www.GRIN.com hochladen
und kostenlos publizieren

Andreas Gerber

Das Konzept Green IT. Anwendungsbeispiele aus der Praxis

GRIN Verlag

Bibliografische Information der Deutschen Nationalbibliothek:

Die Deutsche Bibliothek verzeichnet diese Publikation in der Deutschen National-bibliografie; detaillierte bibliografische Daten sind im Internet über http://dnb.d-nb.de/ abrufbar.

Impressum:

Copyright © 2014 GRIN Verlag GmbH
Druck und Bindung: Books on Demand GmbH, Norderstedt Germany
ISBN: 978-3-656-89594-7

Dieses Buch bei GRIN:

http://www.grin.com/de/e-book/289297/das-konzept-green-it-anwendungsbeispiele-aus-der-praxis

GRIN - Your knowledge has value

Der GRIN Verlag publiziert seit 1998 wissenschaftliche Arbeiten von Studenten, Hochschullehrern und anderen Akademikern als eBook und gedrucktes Buch. Die Verlagswebsite www.grin.com ist die ideale Plattform zur Veröffentlichung von Hausarbeiten, Abschlussarbeiten, wissenschaftlichen Aufsätzen, Dissertationen und Fachbüchern.

Besuchen Sie uns im Internet:

http://www.grin.com/

http://www.facebook.com/grincom

http://www.twitter.com/grin_com

Fakultät für Technik

Master in Business Administration and Engineering

Green IT –

Anwendungsbeispiele aus der Praxis

Seminararbeit im Rahmen der Veranstaltung

„Information Technology 1"

von   Andreas Gerber

Inhaltsverzeichnis

1   Einleitung

Unsere Umwelt ist in vielerlei Hinsicht gefährdet: Treibhauseffekt, Ozonlöcher, saurer Regen, Pestizide sowie eine Verknappung von nicht-regenerativen Rohstoffen und die begrenzte Emissionsaufnahmekapazität von Luft, Wasser und Boden.[1, 2] Diese Beispiele deuten nur einen kleinen Teil der Umweltverschmutzung durch unsere Gesellschaft an. Doch auch IT-Verantwortliche können sich Ihrer Verantwortung vor diesen Problemen nicht entziehen. Laut einer Studie von McKinsey, die im Auftrag der Global e-Sustainability Initiative (GeSI) erstellt wurde, werden im Jahr 2020 weltweit rund 1,4 Milliarden Tonnen Kohlenstoff durch ITK-Nutzung entstehen.[3]

Ein weiterer besorgniserregender Punkt sind die Energiekosten der deutschen Industrie, welche von 22 Milliarden Euro 1998 auf 36,8 Milliarden Euro 2008 stiegen.[4] Außerdem beliefen sich, einer Studie des Border-Step Institutes zufolge, die Stromkosten für die rund 2 Millionen installierten Server in Deutschland im Jahr 2008 auf 1,1 Milliarden Euro.[5]

Unter anderem aufgrund dieser Probleme entstand der Begriff Green-IT, welcher auf der Cebit 2008 erstmals der Öffentlichkeit vorgestellt wurde.

Da viele ITK-Systeme früher häufig rein funktionell und ohne Berücksichtigung der Energieeffizienz, der damit verbundenen Kosten sowie der Nachhaltigkeit betrachtet wurden, ist im Juli 2009 die „Green-IT Allianz" gegründet worden. Aufgabe dieser ist es die wirtschaftliche Agenda für Green-IT weiterzuentwickeln, die Vorreiterrolle der ITK-Branche bei Green Technologies auszubauen und die Zusammenarbeit zwischen Anbietern, Anwendern, Wissenschaft und Politik zu verbessern.[6]

---

[1] Vgl. Bundesumweltministerium und Umweltbundesamt (2001), S. 3

[2] Vgl. Gallert und Clausen (1996), S. 1

[3] Vgl. Statement zum Start der Green-IT-Allianz (2009)

[4] Vgl. Bundesministerium für Wirtschaft und Technologie (2009)

[5] Vgl. Bundesverband Informationswirtschaft, Telekommunikation und neue Medien (2009)

[6] Vgl. Statement zum Start der Green-IT-Allianz (2009)

Zusammenfassend kann festgestellt werden, dass sich die Green-IT in Deutschland noch in der Anfangsphase befindet. Doch aufgrund aktueller Energie- und Kostenfragen wird es in der Zukunft ein Thema von großer Bedeutung darstellen.

2 Definition

Der Begriff Green IT ist noch relativ jung und es gibt hierfür mehrere Definitionen, die jedoch im Grunde relativ ähnlich sind. Nachfolgend sind die beiden geläufigsten aufgeführt:

1. „Unter dem Stichwort Green IT versteht man das Bestreben, den kompletten Lebenszyklus der IT Hardware von der Produktion über die Nutzung bis hin zur Entsorgung möglichst ressourcenschonend zu gestalten. Dabei stehen zwei Themen im Vordergrund:

   - Möglichst geringer Energieverbrauch bei der Produktion und während der gesamten Nutzungsdauer.
   - Verbannung schädlicher Substanzen aus dem Produktionsprozess und den verwendeten Materialien[7]

2. Green IT bezeichnet die ressourcenschonende Verwendung von Energie und Einsatzmaterialien in der Informations- und Kommunikationstechnologie über den gesamten Lebenszyklus hinweg, d.h. dass bereits bei der Entwicklung nicht nur ein möglichst ressourcenschonender Umgang der Technik im Betrieb, sondern auch eine umweltschonende Entsorgung und Wiederverwendung der Einsatzmaterialien Berücksichtigung findet.[8]

Die ITK (Informations- und Kommunikationstechnik) ist eine Technik im Bereich der Information und Kommunikation. Sie kann für 3 Arten von Anwendungen benutzt werden:

   1. Übermittlung von Informationen durch den Raum
   2. Übermittlung von Informationen durch die Zeit

---

[7] Vgl. Green IT – Die IT-Branche wird grün (2008)
[8] Vgl. Wirtschaftslexikon Gabler

3. Umformung von Informationen in Raum und Zeit

In Abbildung 1 wird nachfolgend die historische Entwicklung des IT-Managements und die Einordnung der Green IT näher dargestellt.

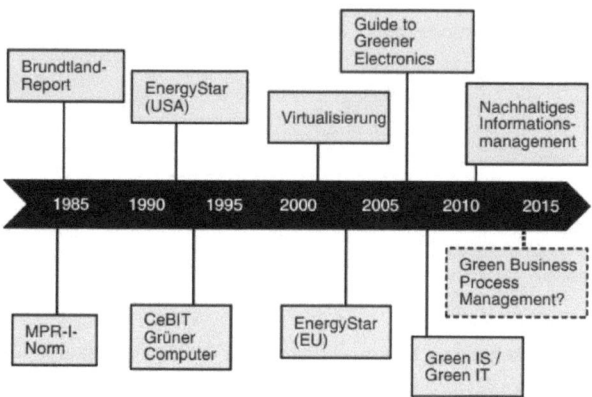

Abbildung 1 – Historische Entwicklung zur Nachhaltigkeit im IT-Management nach Zarnekow & Kolbe (2013), S. 18

3   Green IT – Nutzen und Anwendungsbereiche

3.1   Nutzen

3.1.1   Energieeffizienz und Ressourceneffizienz

Mitunter das wichtigste Ziel des Green IT ist es, Effizienzsteigerungen zu errei-chen.[9] Im Hinblick auf die Entwicklungen der letzten Jahre ist festzustellen, dass die Anforderungen an die Hard- und Software und auch im Allgemeinen an das Volumen der Ausstattung sich zunehmend erhöhen. Daher wird durch die An-wendung des Green IT versucht, den Energieaufwand auf einem gleichen Level zu halten oder gar zu reduzieren.[10] Durch die Erreichung einer besseren Energie- sowie Ressourceneffizienz werden im Umkehrschluss weniger Material- und Elektrizitätsverbräuche generiert, was natürlich direkt auch eine Kosteneinsparung

---

[9] Vgl. Erek, Schmidt, Zarnekow, & Kolbe (2010), S.20

[10] Vgl. Spath, Bauer, & Rief (2010), S. 14

zur Folge hat. Ebenso können notwendige Begleitinvestitionen durch intelligente Anwendung des Green IT reduziert oder gar verhindert werden.[11]

Des Weiteren führt eine Energie- und Ressourceneffizienz langfristig zur Reduktion der CO_2-Emmissionen eines Unternehmens.

3.1.2 Kosteneinsparungen

Wie im vorangegangenen Kapitel bereits beschrieben, führen Effizienzsteigerungen zudem auch zu Kosteneinsparungen. So werden beispielsweise bereits in der Beschaffung Kostenpotenziale hinsichtlich der Gesamtkosten von Hard- und Software erschlossen. Ein weiteres Beispiel für Kosteneinsparungen wären optimierte Kühlungssysteme für Rechenzentren, Verwendung von modernen Hard- und Softwarekomponenten oder eine intelligente Ausgestaltung der Workplaces für ein nachhaltiges Arbeiten. Abbildung 2 verdeutlicht Einsparpotenziale in Rechenzentren.

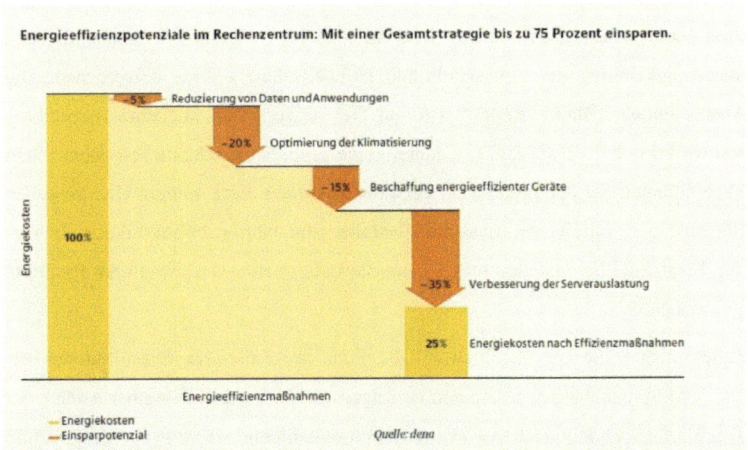

Abbildung 2 – Energieeffizienzpotenziale und Kosteneinsparungen in Rechenzentren nach dena (2012), S. 14

3.1.3 Image

Das Image eines Unternehmens wird ebenso durch die Anwendung von nachhaltigen Strategien, durchaus auch im Bereich der Informationstechnologie, positiv beeinflusst. Hierbei können „grüne" Aktivitäten im Unternehmen als Aushänge-

---

[11] Vgl. Erek, Schmidt, Zarnekow, & Kolbe (2010), S. 20

schild gegenüber der Umwelt bzw. Umfeld des Unternehmens genutzt werden, welches die Attraktivität einerseits der internen IT-Organisation gegenüber den eigenen Mitarbeitern steigert und andererseits eine entscheidende Rolle bei der Kaufentscheidung eines Kunden spielen kann.[12]

3.2 Anwendungsbereiche

3.2.1 Green IT in der Beschaffung

Green IT findet bereits in der Beschaffung starke Anwendung. Diese Relevanz von umweltbezogenen Kriterien wurde jedoch erst innerhalb der letzten Jahre aufgrund steigender Energiepreise und Engpässen der Energieversorgung von Rechenzentren stark ausgeprägt.[13] Demnach sind umwelttechnische Produktkriterien bereits in den Ausschreibungen der Unternehmen enthalten. Beispielsweise werden Zertifizierungen wie der „Energy Star" oder der „Blaue Engel" bei PCs gefordert.

Eine Energy Star Zertifizierung wird an jene Elektrogeräte verliehen, die den Stromsparkriterien der amerikanischen Umweltschutzbehörde entsprechen. Die Auszeichnung „Blauer Engel" wird an Geräte verliehen, die eine recycelbare Konstruktion aufweisen und bei denen keine gesundheitsschädlichen chemischen Verbindungen bei der Produktion verwendet wurden. Eine weitere Richtlinie des Blauen Engel schreibt vor, dass die Hersteller fünf Jahre nach Produktion der Geräte Ersatzteile bereitstellen müssen um die Lebensdauer der jeweiligen Produkte zu erhöhen.[14]

Zudem achten die Unternehmen auf die Wahl der Zulieferer. Diese müssen oftmals ebenso nachhaltige Strategien verfolgen. Dies wird teilweise über Audits, bei denen neben ökonomischen Kriterien auch zunehmend ökologische und soziale Anforderungen geprüft werden, untersucht.[15]

Des Weiteren geht der Trend hin zu Cloud Computing, das heißt die Beschaffung von reinen Rechenkapazitäten anstelle von lokalen Servern.[16]

---

[12] Vgl. Erek, Schmidt, Zarnekow, & Kolbe (2010), S. 20

[13] Vgl. Erek, Schmidt, Zarnekow, & Kolbe (2010), S. 21

[14] Vgl. Schäfer (2009), S. 8

[15] Vgl. Erek, Schmidt, Zarnekow, & Kolbe, (2010), S. 21

[16] Vgl. hierzu und nachfolgend Vgl. Erek, Schmidt, & Schilling (2013), S. 41

3.2.2 Green IT in den Rechenzentren

Die meisten durch Green IT umgesetzten Maßnahmen betreffen die Rechenzentren der Unternehmen. Hierbei spielt vor allem eine Zusammenführung der Rechenzentren zu wenigen Hauptstandorten eine bedeutende Rolle. Zusätzlich werden Rechenzentren virtualisiert. Eine Virtualisierung ermöglicht Benutzern die vorhandenen Computerressourcen zusammenzufassen oder aufzuteilen um damit sich von der lokal vorhandenen Hardware zu abstrahieren und auf logische Ressourcen zuzugreifen zu können. Dies bedeutet, dass beispielsweise ein Rechner aus mehreren Rechnern virtuell zusammengeknüpft werden kann um somit die Rechenleistung zu verstärken (abhängig von den zu bewältigenden Aufgaben).[17]

Bei der Hard- und Software ist die Virtualisierung ein zentraler Punkt, der berücksichtigt werden muss. Diese stellt eine effektive Methode dar, um die Anzahl physischer Server zu reduzieren. In mehreren Studien wurde bereits nachgewiesen, dass die durchschnittliche Auslastung von Servern bei ca. 5-10% liegt.[18] Bei der Server Virtualisierung werden Anwendungen und das Betriebssystem konsolidiert in einer virtuellen Maschine auf einem physikalischen Server betrieben.[19] Die Entkoppelung von Hard- und Softwareressourcen führt somit zu einer besseren Auslastung der Server (bis zu 60%) und vereinfacht den Wartungs- und Administrationsaufwand.[20] Darüber hinaus kann nach Einschätzung von Experten der Strombedarf um ca. 40% gesenkt werden.[21]

Ein pragmatischer Ansatz des Green IT ist die Optimierung der Kühlsysteme in den Rechenzentren. Hierbei wird auf spezielle Technologien und Methoden zurückgegriffen, die in Kapitel 4.1.2 detaillierter erläutert werden.

Abbildung 3 zeigt den Anteil des Energieverbrauchs im Rechenzentrum anhand der einzelnen Komponenten.

---

[17] Vgl. Schäfer (2009), S. 5f

[18] Vgl. Fichter (2009), S. 10

[19] Vgl. BIT (2011), S. 30

[20] Vgl. Niemer (2010), S. 57

[21] Vgl. Rasmussen (2006), S. 12

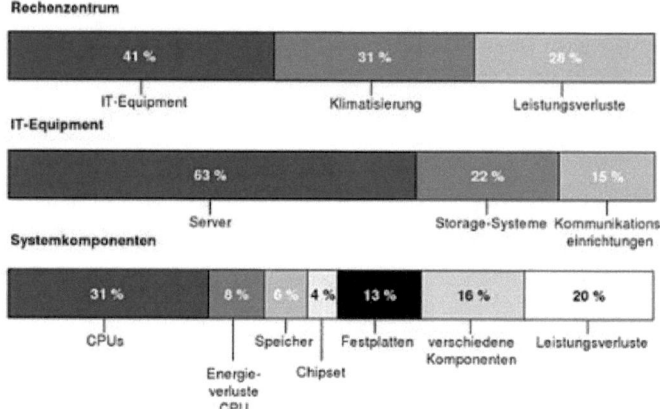

Abbildung 3- Energieverbrauch im Rechenzentrum nach Kleinheinz (2008)

Wie man der Abbildung entnehmen kann entfallen 59% des Energieverbrauchs auf die Klimatisierung und Leistungsverluste. Effektive Maßnahmen in Rechenzentren sollten daher vor allem bei IT-Hard- und Software, der Kühlung, dem Gebäudedesign und der Stromversorgung ansetzen.

Bei der Kühlung und Gebäudetechnik kann bereits bei der Planung und Errichtung eines Rechenzentrums die Energieeffizienz durch geeignete bauliche Maßnahmen entscheidend beeinflusst werden. Durch eine sinnvolle Anordnung der Serverracks ist eine effiziente Klimatisierung des Rechenzentrums möglich. In vielen Serverräumen entsteht die Ineffizienz der Kühlung durch eine Vermischung der warmen Rechnerabluft und kühlen Luft, die von den Klimageräten kommt.

Abbildung 4 zeigt dies noch einmal genauer.

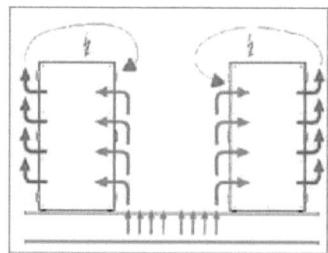

Abbildung 4- ungünstige Anordnung der Serverracks nach Bitkom (URL)

Dadurch wird die Hardware mit wärmerer Luft versorgt, als von den Klimaanlagen produziert wird. Ideal wäre aber wie auf Abbildung 5 zu sehen ist eine Abschottung der Serverracks, womit das Ansaugen der warmen Luft vermieden werden könnte.

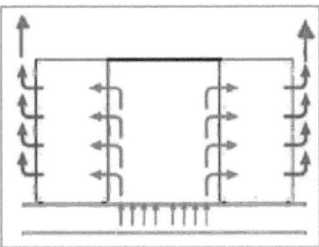

Abbildung 5- verbesserte Anordnung der Serverracks nach Bitkom (URL)

Auch bei der Kühlung, die mindestens 20% der Gesamtenergiekosten ausmacht können Optimierungen vorgenommen werden. Maßnahmen hierbei reichen von der Auswahl der richtigen Kühlgeräte bis hin zur Nutzung effizienter Kühlverfahren wie z. B. freie Kühlung oder Kühlung mit Flüssigkeit.[22]

Häufigste Verbesserungsmaßnahme im Bereich Optimierung der Stromversorgung ist die Verbesserung der unterbrechungsfreien Stromversorgung (USV), welche im Falle von kurzfristigen Stromausfällen im Rechenzentrum die Energieversorgung und somit die Verfügbarkeit der IT-Systeme sicherstellt.[23] Die USV hat einen Anteil von 18% am Gesamtstromverbrauch im Rechenzentrum, hier ist also noch einiges an Potenzial vorhanden.[24] Der Einsatz innovativer Technologien, wie z. B. Batterie-Puffer, Doppelwandlung oder Schwungrad kann hierbei zu einer großen Verbesserung der Energiebilanz führen.

3.2.3 Green IT in der Büroumgebung

Auch in der Gestaltung der Bürolandschaft der Mitarbeiter findet die Anwendung des Green IT statt. Hier werden beispielsweise bereits seit Langem Videokonferenzsysteme angewendet, die die Reiseaktivitäten verringern und somit Kosten

---

[22] Vgl. BIT (2011), S. 48

[23] Vgl. Fichter (2009), S. 15

[24] Vgl. BIT (2011), S. 83

und – global gesehen – CO_2 Emissionen einsparen. Zudem werden Mitarbeiter intensiv auf Umweltbelange geschult um das Bewusstsein für nachhaltiges Handeln zu schärfen.

Auch wurden bereits viele Drucker optimiert. Hier gibt es mehrere Möglichkeiten um nachhaltig zu agieren.

Eine Möglichkeit ist der Einsatz von sogenannten Multifunktionsdruckern. Sie verbinden Drucker, Kopierer, Scanner und manchmal auch Fax in einem Gerät. Hierdurch kann die Anzahl der einzelnen Geräte massiv gesenkt und die Auslastung der nun angeschafften Multifunktionsgeräte erhöht werden.

Eine weitere Möglichkeit bietet beispielsweise das Druckerpapier. Hier kann entschieden werden, dass nur noch welches bezogen wird, dass nachhaltig produziert wurde.

Des Weiteren werden moderne Drucker verwendet, die sich beispielsweise bei Dunkelheit (Büroschluss) selbst abschalten und damit vor allem Energie und somit Geld einsparen. Moderne Drucker stoßen keinen giftigen Feinstaub mehr an die Umgebung aus, was auch aus Gründen des Gesundheitsschutzes ebenso eine wichtige Rolle spielt. Es gibt inzwischen sogar Bio-Toner, bei denen in der Produktion anstelle von Erdölbestandteilen Sojaöl verwendet wird.[25]

Bei der Auswahl der Büroausstattung wird vielerorts auf innovative Arbeitsplatzkonzepte geachtet. Beispielsweise Desktop-Virtualisierung oder das Shared-Desk Konzept finden hier Anwendung. Die Desktop-Virtualisierung ist die Weiterentwicklung der Rechenzentren-Virtualisierung. Dabei wird statt einer einzelnen Komponente oder Anwendung der gesamte PC-Desktop im Rechenzentrum virtualisiert. Das bedeutet, dass die Benutzer lediglich über einen Bildschirm, sowie ein „Eingabe-Instrument" wie Tastatur oder Maus verfügen, mithilfe dessen sie die Daten auf den virtuellen Server überspielen und von dort aus angezeigt bekommen.[26] Aufgrund der geringeren Rechen- und Speicherleistung kann hiermit der Strombedarf im Büro um bis zu 50% gesenkt werden.[27]

Wie bereits bei den Druckern erwähnt gibt es auch für alle anderen Geräte die Möglichkeit eine Energiesparfunktion zu nutzen. Hierfür gibt es spezielle Energie

---

[25] Vgl. Nachhaltigkeitmobil (URL) (2011)

[26] Vgl. Microsoft (URL) (2014)

[27] Vgl. Gesi/BCG (2009), S. 27

bzw. Power-Management Tools, welche den Stromverbrauch der Geräte dem ak-
tuellen Leistungsbedarf anpassen und Geräte in den Ruhemodus versetzen, wenn
diese nicht aktiv genutzt werden (Remote-Shutdown of Desktops). Diese Maßnahme kann den Strombedarf um bis zu 90% senken.[28]

Abbildung 6 zeigt mögliche Einsparpotenziale von IT-Arbeitsplätzen auf.

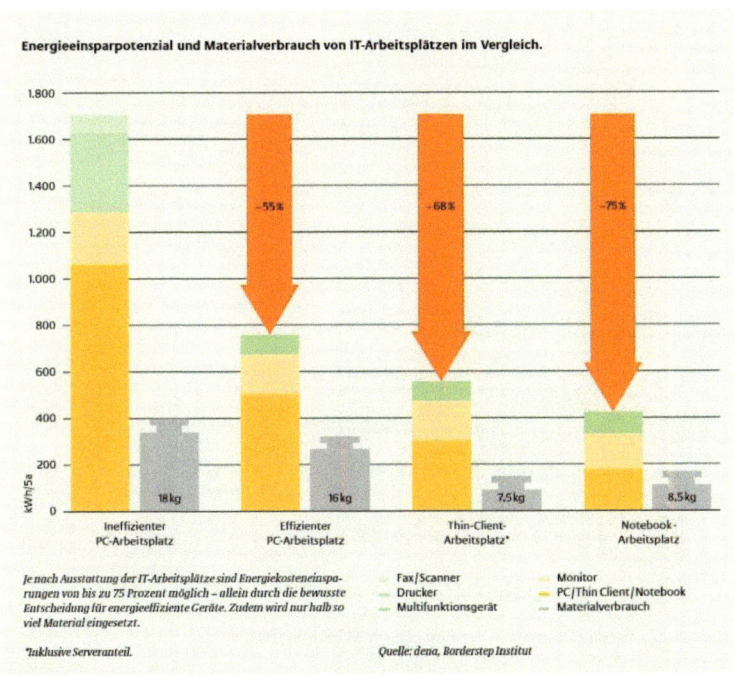

Abbildung 6 – Energieeinsparpotenziale und Materialverbrauch von IT-Arbeitsplätzen nach dena
(2012), S. 9

---

[28] Vgl. Buchta (2009), S. 88

3.2.4 Green IT Kennzahlen

Folgende Abbildung 7 zeigt aktuell vorhanden Green IT- Kennzahlen

Kennzahl [Maßeinheit]	Berechnungsformel	Beschreibung
PUE: Power Usage Effectiveness [dimensionslos]	PUE = Gesamtenergieverbrauch des RZ / Energieverbrauch des IT-Equipments im RZ = TFP_{DC} / IEP_{DC}	Verhältnis von der dem RZ zugeführten Energie zu der durch das IT-Equipment (Server, Speicher, Netztechnik) tatsächlich verbrauchten bzw. aufgenommenen Energie [Belady et al. 2008, 4]
DCiE: Data Center Infrastructure Efficiency [%]	DCiE = 1 / PUE = Energieverbrauch des IT-Equipments im RZ / Gesamtenergieverbrauch des RZs x 100% = IEP_{DC} / TFP_{DC} x 100 %	DCiE ist der Kehrwert des PUE und gibt die Effizienz des RZ in Prozent an [Belady et al. 2008, 4]
EUE: Energy Usage Effectiveness [dimensionslos]	EUE = Gesamtenergiebedarf des RZs pro Jahr / Energiebedarf des IT-Equipments im RZ pro Jahr = $TFP_{DC/year}$ / $IEP_{DC/year}$	Verhältnis Energiebedarf des gesamten Rechenzentrums zu Energiebedarf des IT-Equipments (Server, Speicher, Netztechnik) für den Zeitraum von einem Jahr [Sijpheer 2008, 18]
CADE: Corporate Average Data Center Efficiency [%]	CADE = IT-Effizienz x Gebäudeeffizienz x 100 %, mit • IT-Effizienz = IT-Auslastung x IT-Energieeffizienz • Gebäudeeffizienz = Gebäudeauslastung x Gebäudeenergieeffizienz	Gibt die Gesamteffizienz des Rechenzentrums in Prozent an, indem neben der Energieeffizienz des IT-Equipments und des Gebäudes auch die Auslastungen berücksichtigt werden [Kaplan et al. 2008, 11]
DC-EEP: Data Center-Energy Efficiency and Productivity Index [dimensionslos]	DC-EEP = SI-EER x IT-PEW, mit • SI-EER (Site Infrastructure-Energy Efficiency Ratio) = PUE = TFP_{DC} / IEP_{DC} • IT-PEW (IT Productivity Per Embedded Watt) = Energieverbrauch pro einzelner Transaktion, Speichermenge oder Rechenzyklus des IT-Equipments	Die Kennzahl kann als die IT-Produktivität pro Watt zugeführte Energie interpretiert werden [Brill 2007, 4f]
CUE: Carbon Usage Effectiveness [kgCO₂/kWh]	CUE = durch den Gesamtenergieverbrauch des RZs jährlich verursachte CO₂-Emissionen / Energieverbrauch des IT-Equipments im RZ = CEF (Carbon Emission Factor) x PUE	Die Kennzahl bietet die Möglichkeit, die Menge an Treibhausgasemissionen zu bestimmen, die von den IT-Systemen im Rechenzentrum im Betrieb erzeugt werden [Belady et al. 2010, 4]
WUE: Water Usage Effectiveness [L/kWh]	WUE = jährlicher Wasserverbrauch des RZ / Energieverbrauch des IT-Equipments im RZ (IEP_{DC})	Verhältnis aus jährlichem Wasserverbrauch des Rechenzentrums und dem Energieverbrauch des IT-Equipments (Server, Speicher, Netztechnik) [Patterson et al. 2011, 4].

Abbildung 7 - Green IT-Zahlen in der Praxis nach TU Berlin (2012)

Die wohl bekannteste Kennzahl ist der PUE (Power-Usage Effectiveness). Hiermit wird die Energieeffizienz in Rechenzentren bewertet. Der PUW setzt den Gesamtenergieverbrauch des Rechenzentrums ins Verhältnis zum Energiebedarf der datenverarbeitenden und –speichernden IT-Komponenten und der dafür notwendigen Netzwerktechnik und bestimmt so die Effizienz des Energieeinsatzes. Das Ergebnis kann Werte zwischen 1 und unendlich annehmen, wobei effiziente Rechenzentren meistens einen Wert von unter 1,5 aufweisen. Dies würde bedeuten, dass für jedes Watt an IT-Leistung zusätzlich 0,5 Watt für den Betrieb des Rechenzentrums (Beleuchtung, Klimatisierung, Kühlung, Stromversorgung usw.)

aufgewendet werden müssen.[29] Die Firma Google beispielsweise misst den PUE kontinuierlich in den eigenen großen Rechenzentren und gibt wie man Abbildung 8 entnehmen kann auf der eigenen Webseite einen PUE-Wert von 1,12 an.[30]

Abbildung 8 - PUE-Daten für alle Google Großrechenzentren nach Google (URL)

Diese Kennzahl ist allerdings nur bedingt aussagekräftig, dass der Wert bei nicht genauem Vorgehen erheblichen Schwankungen unterliegen kann. Es werden beispielsweise jahresbedingte klimatische Einflüsse nicht berücksichtigt und daher nur Momentaufnahmen im Rechenzentrum getätigt. Eine Vergleichbarkeit zwischen einzelnen Rechenzentren ist somit sehr schwer, da die klimatischen Einflüsse überall anders sind. Der PUE eignet sich vielmehr wie von Google genutzt zur Kontrolle der eigenen Verbesserung, in dem man die Messungen immer bei möglichst gleichen Bedingungen durchführt.

Aus diesem Grund wurde in einer Studie des Energy Research Centre of Netherlands (ECN) die Kennzahl EUE (Energy Usage Effectiveness) eingeführt, die den jährlichen Gesamtenergiebedarf eines Rechenzentrums ins Verhältnis zum jährlichen Energiebedarf der IT-Geräte setzt und somit auch die saisonalen klimatischen Bedingungen als Einflussgröße erfasst. Er hat dieselben Dimensionen wie

---

[29] Vgl. Belady (2011), S.11

[30] Vgl. Google (URL), 2014

der PUE, es ist also ebenfalls ein Wert erstrebenswert der möglichst nahe an 1,0 liegt.

4   Anwendungsbeispiel aus der Praxis

4.1   Bayer Business Service (Bayer AG)

Der Unternehmenszweig Bayer Business Services (BBS) stellt das globale Kompetenzzentrum des Bayer-Konzerns hinsichtlich IT- und Business Services dar. In diesem Anwendungsbeispiel wird vor allem auf den Geschäftsbereich der IT-Operations eingegangen, der wesentlich für die Planung, Implementierung und den Betrieb von IT-Infrastruktur und – Applikationen verantwortlich ist und etwa 40% des IT-relevanten Umsatzes von BBS erwirtschaftet. Die Geschäftseinheit der IT-Operations ist wiederum unterteilt in die globalen Funktionen des Customer Services, Network Client Management und Bayer Data Center. Der Bayer-Konzern legt wesentliches Augenmerk auf das Konzept des Green IT, welches fester Bestandteil der langfristig orientierten Nachhaltigkeitsstrategie des Unternehmens ist.[31]

Die Maßnahmen zur Steigerung der IT-Energieeffizienz wurden durch drei Themenaspekte festgelegt: Zum einen soll ein Bewusstsein für Umweltkonsequenzen durch die Nutzung von IT geschaffen werden und dabei wertvolle Hinweise zur Senkung des Energieverbrauchs in der gesamten Büroumgebung gegeben werden. Dies fällt unter die Stichworte *„Behavior and Mindset"*. Zum anderen sollen durch *„Concrete Measures"* spezifische Green IT Maßnahmen eingeleitet werden, die wesentlich die Rechenzentren und Servereinrichtungen betreffen. Der letzte Themenblock *„Communication and Research"* befasst sich mit Kommunikation von Green IT gegenüber Mitarbeitern und Kunden um ggf. das Verständnis, die Ergebnisse aber auch die Notwendigkeit dieser Maßnahmen über Kommunikationskanäle verbreitet wird.[32]

Im Folgenden werden die Maßnahmen des Bayer-Konzerns zur Steigerung der IT-Energieeffizienz aufgeführt und erläutert. Grundsätzlich können die Green IT Maßnahmen in drei verschiedene Bereiche des Unternehmens eingegliedert werden: Beschaffung, Kommunikation sowie Produktion.

---

[31] Vgl. Erek, Schmidt, & Schilling (2013), S. 27, 29, 31

[32] Vgl. Erek, Schmidt, & Schilling (2013), S. 34

4.1.1 Beschaffung

In der Beschaffung wird dem Thema Green IT immer mehr Beachtung geschenkt.[33] Hierbei wird beim Einkauf besonders auf Energiekriterien, wie beispielsweise Verbrauchswerte von zu beschaffender Ware bzw. Hardware geachtet. Diese Kriterien sind außerdem in den Ausschreibungen und dem Anforderungskatalog des Bayer-Konzerns beinhaltet. Des Weiteren wird bei Client-PCs, das heißt den Arbeitsplatzrechner der Mitarbeiter eine Lebenszyklusanalyse durchgeführt, die die Gesamtkosten der Hardware über ihren Lebenszyklus aufschlüsselt um somit diese zu optimieren. Beispielsweise werden hierdurch umweltrelevante Aspekte wie Energieverbrauch oder Wiederverwendbarkeit direkt bei der Kaufentscheidung berücksichtigt. Bayer bezieht im Bereich IT-Operations den Großteil seiner zu beschaffenden Ware von Zulieferern, die ebenso Nachhaltigkeitskriterien berücksichtigen.

Beispielsweise wird das Druckerpapier ausschließlich bei Zulieferer eingekauft, die nachhaltige Herstellungsverfahren (FSC-Zertifizierung[34]) verwenden. Die Wahl der Rechenzentren spielt aus umwelttechnischen Gesichtspunkten ebenso eine bedeutende Rolle.

Es wird verstärkt Cloud-Computing, das heißt das Beziehen von Rechenkapazitäten, betrieben. Dies ist insofern attraktiv, da die Serverparks der Cloud-Anbieter wie Amazon oder Google sehr effizient arbeiten und somit, im Vergleich zu unternehmensinternen Rechenzentren, deutlich geringere CO2-Emmissionswerte aufweisen.

4.1.2 Produktion

<u>Rechenzentren</u>

Green IT findet ebenso bei der Produktion der IT-Services in den Rechenzentren Anwendung. Hierbei wurde die Initiative „*Green Bayer Data Center*" ins Leben gerufen um das strategische Ziel des Bayer-Konzerns, 20% Energieeffizienzsteigerung innerhalb drei Jahre, zu realisieren. Die Initiative wurde in fünf Handlungsfelder eingeteilt: „*Data Center Facilities*", „*Efficient Hardware Technologies*", „*Increased System Utilization*", „*Avoidance of Unnecessary Load*" und

---

[33] Vgl. hierzu und nachfolgend Vgl. Erek, Schmidt, & Schilling (2013), S. 40ff

[34] Die FSC-Zertifizierung definiert einheitliche Grundprinzipien für verantwortungsvolle Waldwirtschaft.

„*Energy Measurement*". Im Folgenden werden diese Handlungsfelder detailliert:[35]

Data Center Facilities:

Die Rechenzentren der IT-Operation sind auf drei Standorte verteilt. Zur Kühlung des Hauptzentrums, welches sich in der Nähe eines Bayer-Werks befindet, wird eine spezielle Kühlung verwendet, die ein Kreislaufsystem darstellt und die Prozesskälte des benachbarten Werks nutzt um die Effizienz des Kühlsystems zu erhöhen. Die Kühlung eines Rechenzentrums wird unter anderem durch eine Doppelbodenkühlung gewährleistet.

Das Problem hierbei ist, dass es enorme Temperaturunterschiede zwischen den verschiedenen Boden-Höheneinheiten gibt, was zum Ergebnis führt, dass unten sehr kalte Luft zur Verfügung steht und diese nach oben hin immer wärmer wird. In den Rechenzentren von Bayer wird deshalb eine spezielle, von Bayer selbst patentierte Technologie (Polycarbonatscheiben aus Bayer Makrolon) zur Lagerung der Rechnersysteme angewandt. Diese Technologie ermöglicht die Reduktion der vertikalen Temperaturdifferenz und das gezielte Lenken der Luftströme. Dies resultiert in einer wesentlichen Verbesserung der Effizienz der Kühlsysteme und der Einsparung von Energie beim Gebläse.[36]

Zusätzlich wurde ein Air Flow Management eingeführt, durch welches die Luftströme analysiert wurden. Hierbei wurden Luftverwirbelungen und Widerstände verringert. Ein weiteres Ergebnis des Air Flow Managements ist die Anpassung der Anzahl von Computer-Room-Air-Conditioning-Systeme (CRAC) von bislang vier auf acht. Hierbei wurde der Luftdurchsatz[37] von 100% bei vier CRACs auf 55% bei acht CRACs reduziert, welches zudem die Energieeffizienz der Kühlung erhöht. Hinzu kommt, dass die CRACs sich autonom steuern um die Drehzahl der Lüfter bedarfsabhängig zu regulieren. Durch diese Maßnahmen gelang es dem

---

[35] Vgl. Vgl. Erek, Schmidt, & Schilling (2013), S. 42

[36] Vgl. Lehmann (URL) (2012)

[37] Der Luftdurchsatz beschreibt das Maß für den Luftstrom, der von einem Lüfter erzeugt wird.

Bayer-Konzern eine Reduktion des Stromverbrauchs von 60% in dem Haupt-
standort des Rechenzentrums zu erzielen.[38]

Efficient Hardware Technologies:

In diesem Handlungsfeld verbirgt sich die Nutzung von energieeffizienter Hardware. Dadurch konnte bei Bayer der Energieverbrauch bei ERP-Systemen innerhalb zwei Jahre um 15% gesenkt werden. Beispielsweise konnte im Jahr 2010
durch die Einführung neuer Prozessoren-Technologien von Intel ebenso Energie
eingespart werden. Durch die Auswechslung von veralteten Prozessoren in knapp
300 Systemen konnten insgesamt 450.000 kWh pro Jahr eingespart werden. Ebenso wurden inzwischen effizientere Netzteile in die Rechnersysteme verbaut. Abbildung 9 verdeutlicht diese Einsparungen nochmals deutlich.

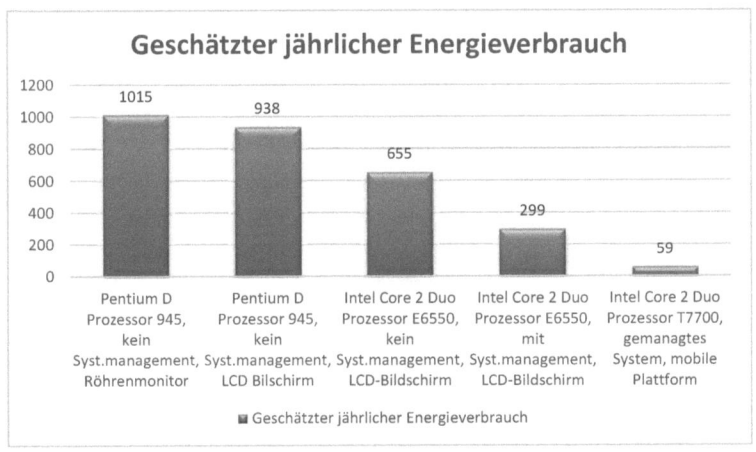

Abbildung 9 - Geschätzter Energieverbrauch mit Intel-basierten Systemen. Eigene Darstellung
entnommen aus Spath, Bauer, & Rief (2010), S. 215

Ein weiteres Beispiel für Maßnahmen des Green IT ist, dass Bayer eine Betriebs-
systemumstellung von Unix auf Linux durchgeführt hat, damit der Betrieb der
SAP-Anwendungen ebenso auf IBM-Server durchgeführt werden kann. Dadurch
wurde zunächst die Energieeffizienz der Systeme verbessert und zudem erhebli-

---

[38] Vgl. Erek, Schmidt, & Schilling (2013), S. 43

che Kostenvorteile generiert, da die IBM-Server deutlich preiswerter zu erwerben sind als die für Unix benötigten Server.[39]

Increased System Utilization:

Wie bereits in den vorherigen Ausführungen zu *„Data Center Facilities"* beschrieben, sind die Rechenzentren der IT-Operation auf drei Standorte verteilt. Dies wurde unter anderem durch Konsolidierung, Zentralisierung und Virtualisierung der Serversysteme erreicht.

Zu diesem Thema wäre hier beispielsweise auch der IBM-Konzern zu nennen, die zu Beginn des Jahres 1997 noch 155 globale Rechenzentren bestehen hatten. Bis zum Jahr 2007 wurde die Anzahl auf sieben reduziert. Ein weiteres Beispiel stellt Hewlett Packard dar, die ebenso planen die Anzahl ihrer Rechenzentren von 85 auf sechs drastisch zu verringern.[40]

Bei der Bayer AG bzw. im Geschäftsfeld IT-Operation waren die vielen standortgebundenen und kleinen Serversysteme aufgrund ihrer geringen Auslastung und Heterogenität nicht effizient. Daher wurde der Großteil der Serversysteme in drei Hauptstandorte zusammengefasst, wodurch zum einen die Auslastung der Systeme erhöht wurde und zum anderen Energieeinsparungen erzielt wurden. Die drei Rechenzentren sind untereinander vernetzt, was ermöglicht, Aufgaben zu teilen um die zur Verfügung stehende Leistung optimal ausnutzen zu können. Als Ergebnis wurden die Reservekapazitäten wesentlich gesenkt und die Auslastung der Rechenzentren optimiert. Eine Vielzahl an Anwendungen läuft zudem auf sogenannten *„Shared Systems"*, das heißt gemeinschaftlich genutzte Produkte bzw. Serversysteme von mehreren Organisationen.

Ebenso werden bei Bayer die Serversysteme virtualisiert (Vgl. Kapitel 3.2.2 Virtualisierung). Hierdurch wurde die Auslastung ebenso erhöht. Durch die Virtualisierung der Server wird zudem die Ressourceneffizienz gesteigert, indem standardisierte Server für Shared Applications (Screen- bzw. Desktop-Sharing) verwendet werden. Dadurch wird die aufzubringende Rechenleistung optimal auf die vorhandenen Systeme verteilt. Im Jahre 2013 betrug der Virtualisierungsgrad etwa 50%. Die Konsolidierung und Virtualisierung der Serversysteme ermöglichte

---

[39] Vgl. Erek, Schmidt, & Schilling (2013), S. 43f.

[40] Vgl. Schäfer (2009), S.5

Bayer einen geringeren Stromverbrauch und somit eine geringere CO_2-Emission. Zusätzlich wurden enorme Kosten eingespart, vor allem in der Infrastruktur, Kühlung und in der Verwaltung.[41]

Avoidance of Unnecessary Load:

Inhalte dieses Handlungsfeldes sind beispielsweise die Automatisierung von Serversystemen. Dies ermöglicht eine Abschaltung von nicht benötigten Systemen um somit Kosten einzusparen und die Rechenkapazität dynamisch anzupassen. Weitere Maßnahmen finden sich im Bereich der Software, wo effizientere Applikationen programmiert werden.[42]

Energy Measurement:

Die in den vorherigen Handlungsfeldern beschriebenen Maßnahmen müssen zusätzlich dokumentiert und analysiert werden, damit man Rückschlüsse auf die Auswirkungen ziehen kann. Durch geeignete Kennzahlen werden die Einsparpotenziale der Green IT Maßnahmen überprüft und kommuniziert.

Büroumgebung

Auch in der Büroumgebung findet die Anwendung des Green IT statt. Der Bayer-Konzern hat hier das Projekt „*Green Screen Saver*" initiiert, bei welchem ein spezieller Bildschirmschoner am Client-System abgespielt wird. Nach zehnminütiger Inaktivität am Client, wird, bevor er in den Stand-by-Modus geschaltet wird, ein ein-minütiges Bayer-Video mit der Nachricht zur Steigerung des Bewusstseins für nachhaltige IT Maßnahmen abgespielt. Durch das Ausschalten des Monitors bzw. die Aktivierung des Stand-by-Modus wird der Stromverbrauch gesenkt. Diese Maßnahme wurde bei 80% der Clients (100.000 Client-Systeme) umgesetzt und erzielte etwa 2,7 Millionen kWh Einsparung pro Jahr.[43]

---

[41] Vgl. Erek, Schmidt, & Schilling (2013), S. 44f.

[42] Vgl. Erek, Schmidt, & Schilling (2013), S. 45

[43] Vgl. Erek, Schmidt, & Schilling (2013), S. 47

4.1.3 Kommunikation

Kommunikation stellt einen bedeutenden Erfolgsfaktor für Green IT dar. Einerseits muss die interne Kommunikation zwischen den jeweiligen IT-Organisationen und den restlichen Bereichen gewährleistet sein, andererseits müssen über Unternehmensgrenzen hinweg Zulieferer und Kunden in den Kommunikationsprozess miteingebunden werden. Kommunikation dient zur Sensibilisierung und Aufklärung der Belegschaft des Unternehmens über die Auswirkungen einer nachhaltigen IT-Struktur und den verantwortungsvollen Umgang mit der IT.

Zusätzlich kann neben der reinen Optimierung der Hardware eine essentielle Verbesserung der Umweltfaktoren eines Unternehmens durch umweltbewusstes Verhalten der Mitarbeiter erzielt werden. Informationskanäle wären beispielsweise Mitteilungen durch Vorstände und Geschäftsleitung, Intranet-News sowie firmeninterne Printmedien.[44]

5   Fazit und Ausblick

Auf Grundlage der aufgeführten Theorie und Praxisbeispiele lässt sich folgendes Fazit ziehen. Die steigende Bedeutung von Nachhaltigkeitsaspekten in IT-Organisationen lässt sich auf zwei Entwicklungsströmungen zurückführen: Einerseits steigen der IT-Ressourcenbedarf und die Energiepreise für den Betrieb von IT-Infrastrukturen und machen eine Implementierung von Green-IT-Maßnahmen zur Verringerung der operativen Kosten wirtschaftlich interessant.

Andererseits lässt sich eine wachsende Kundennachfrage nach nachhaltigen Produkten und Services beobachten. Als Konsequenz werden in vielen IT-Organisationen Green-IT-Initiativen auf operativer und strategischer Ebene gestartet.

Ein vorübergehender Hype ist Green IT vermutlich nicht; sie läutet vielmehr einen bedeutenden Wandel ein, indem Aspekte des Umweltschutzes und der Ressourceneffizienz stärker berücksichtigt werden müssen als noch vor einigen Jahren.

---

[44] Vgl. Erek, Schmidt, & Schilling (2013), S. 47f.

6 Literaturverzeichnis

Belady, C. (2011). *http://www.thegreengrid.org/*. Von
http://www.thegreengrid.org/Global/Content/white-papers/The-Green-
Grid-Data-Center-Power-Efficiency-Metrics-PUE-and-DCiE abgerufen

BIT. (2011). *www.cio.bund.de*. Von
www.cio.bund.de/SharedDocs/Publikationen/DE/Innovative-
Vorhaben/green-it_leitfaden_download.pdf?_blob=publicationFile
abgerufen

Buchta, D. (2009). *Strategisches IT-Management: Wert steigern, Leistung
steuern, Kosten senken*. Wiesbaden: Gabler Verlag.

Bundesverband für Informationswirtschaft, T. u. (20. 10 2009). *www.bmwi.de*.
Von http://www.bitkom.org/de/presse/62013_61464.aspx abgerufen

dena. (2012). *Green IT- Potenzial für die Zukunft*. Berlin.

Erek, K., Schmidt, N.-H., & Schilling, T. (2013). *Green IT bei Bayer Business
Services* (Bde. Green IT - Erkenntnisse und Best Practices aus
Fallstudien). Berlin, Heidelberg, Deutschland: Springer Gabler.

Erek, K., Schmidt, N.-H., Zarnekow, R., & Kolbe, L. M. (2010). Green IT im
Rahmen eines nachhaltigen Informationsmamagements. In J. M. Gómez,
S. Strahringer, & F. Teuteberg, *Green Computing & Sustainability* (S. 18-
28). Berlin: dpunkt.

Fichter, K. (2009). Green IT: Zukünftige Herausforderungen und Chancen.

Gabler, W. (11. 12 2014). *www.wirtschaftslexikon.gabler.de*. Von
http://wirtschaftslexikon.gabler.de/Archiv/1020511/green-it-v4.html
abgerufen

GESI/BCG. (2009). *SMART 2020, Abbendum Deutschland. Die IKT-Industrie als
treibende Kraft auf dem Weg zu nachhaltigem Klimaschutz*. Brüssel:
Global e Sustainability Initiative.

Green-IT-Allianz. (22. 07 2009). *www.bitkom.org*. Von
http://www.bitkom.org/de/presse/62013_60428.aspx abgerufen

grün, G. I.-D.-B. (2008). *www.klimawandel-global.de* . Von www.klimawandel-global.de abgerufen

Kleinheinz, J. (2008). *http://www.k21media.de/*. Von http://www.k21media.de/_files/mod_heftarchiv/kommune21_2008-03_s18.pdf abgerufen

Lampe, F. (2009). *Green-it virtualisierung und thin clients*. Wiesbaden: Vieweg + Teubner und GWV Fachverlage GmbH.

Lehmann. (2012). *www.frontcooler.de*. Von http://www.frontcooler.de/?gclid=CjwKEAiA-5-kBRDylPG5096R8mASJABqEdm4eRyWeT1q7Jcr4o2z50KiPapBh1ETw TrzCyAQgfPl0RoCXPjw_wcB abgerufen

Microsoft. (2014). *www.microsoft.com*. Von http://www.microsoft.com/de-de/server-cloud/products/virtual-desktop-infrastructure/ abgerufen

Nachhaltigkeitmobil. (19. April 2011). *www.nachhaltigkeitmobil.de*. Von http://www.nachhaltigmobil.de/green-it/drucker-in-green-it-nachhaltig-und-weniger-gesundheitsschadlich/1740 abgerufen

Schäfer, R. (2009). *Green IT - RZ-Zentralisierungen, Kombinierung und Standardisierung der IT-Geräte, Materialeffizienz-Treiber, Green IT- von der Planung bis zur Entsorgung*. Norderstedt: GRIN Verlag.

Spath, D., Bauer, W., & Rief, S. (2010). *Green Office - Ökonomische und ökologische Potenziale nachhaltiger Arbeits- und Bürogestaltung*. Wiesbaden: Gabler.

Technologie, B. f. (2009). *http://www.bmwi.de/*. Von http://www.bmwi.de/Dateien/Energieportal/PDF/energie-in-deutschland,property=pdf,bereich=bmwi,sprache=de,rwb=true.pdf abgerufen

Zarnekow, R., & Kolbe, L. (2013). *Fallstudien, Green IT - Erkenntnisse und Best Practices aus*. Berlin Heidelberg: Springer Gabler.